Una Unión Más Perfecta

La Historia de Nuestra Constitución

BETSY Y GIULIO MAESTRO

Traducción de Aída E. Marcuse

LECTORUM
PUBLICATIONS, INC.
111 EIGHTH AVE., NEW YORK, NY 10011-5201

RECONOCEMOS Y AGRADECEMOS la ayuda de Dave Kimball
y Anna Coxe Toogood, del cuerpo de historiadores del
Independence National Historical Park, Philadelphia,
Pennsylvania, por la revisión minuciosa del manuscrito.

Hace doscientos años, América era un país muy joven. En 1776, los representantes de las trece colonias se reunieron para redactar la Declaración de Independencia, en la cual se comunicaba al Rey Jorge III de Inglaterra que las colonias querían gobernarse a si mismas. Los colonos formaron su propio gobierno y libraron la Guerra Revolucionaria para obtener su libertad.

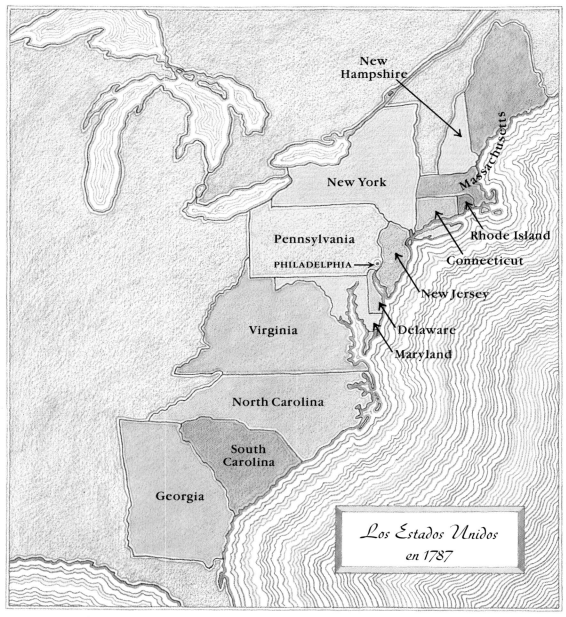

New
Hampshire

Massachusetts

New York

Pennsylvania

PHILADELPHIA →

Rhode Island

Connecticut

New Jersey

Virginia

Delaware

Maryland

North Carolina

South
Carolina

Georgia

Los Estados Unidos
en 1787

Pero diez años más tarde, en 1786, el país se enfrentaba a muchos problemas. El gobierno no marchaba bien. Mucha gente vivía en la pobreza. Los trece estados no cooperaban entre si. El gobierno no conseguía recaudar suficiente dinero, y no había un presidente capaz de lograr que los estados colaboraran unos con otros como si constituyeran una sola nación.

Los dirigentes del nuevo país estaban muy preocupados y les entristecía ver que América no progresaba. Temían que el país se desmembrara si no se hacía algo pronto para fortalecer el gobierno. Por esa razón decidieron convocar una reunión especial, que llamaron convención, para decidir qué hacer. Varios líderes de cada uno de los estados fueron invitados a reunirse en Philadelphia en mayo de 1787.

Delegados importantes comenzaron a llegar a
Philadelphia. De Virginia vinieron George Washington y
James Madison. New York envió a Alexander Hamilton.
Benjamin Franklin representó a Pennsylvania. Muchos
delegados se alojaron en la hostería Indian Queen, una de
las mejores de la ciudad.

Antes de que comenzara la convención, los delegados ya habían empezado a intercambiar ideas y planes. Casi todos se conocían de antemano, pues algunos habían colaborado en la redacción de la Declaración de Independencia; muchos habían tomado parte en la Guerra Revolucionaria y la mayoría había participado en el gobierno. Y, una vez más, estaban dispuestos a ayudar a su país.

La convención debía comenzar el 14 de mayo, pero la mayor parte de los delegados no había llegado para esa fecha. En aquellos tiempos, viajar era difícil y algunos hombres debían recorrer grandes distancias a caballo, en carruajes o por barco.

El viaje desde New Hampshire o Georgia a Philadelphia podía llevar de dos a tres semanas. Además reinaba mal tiempo. Finalmente, alrededor del 25 de mayo, casi todos los delegados habían llegado y la convención pudo comenzar.

La convención tuvo lugar en la Casa de Gobierno, en la calle Chestnut. En ese edificio, que hoy conocemos como "Independence Hall", se había firmado once años antes la Declaración de Independencia. En la primera reunión, los delegados eligieron a George Washington líder de la convención.

James Madison se ofreció a tomar nota de todo lo que ocurriera durante las reuniones, para que quedara constancia de todo lo dicho y sucedido. Aunque la convención duró dieciséis semanas, Madison no faltó a ninguna de las reuniones. La labor que realizó fue de tal importancia, que se le ha llamado el Padre de la Constitución.

Cuando George Washington ocupó su lugar en la mesa
presidencial, Benjamin Franklin observó que había un sol
tallado en la silla y se preguntó si sería un sol naciente o
un sol poniente. Sin embargo, como estaba comenzando
la asamblea, no tuvo oportunidad de pensar más en ello.

En los días siguientes, los delegados establecieron una serie de normas para el mejor funcionamiento de la convención. Algunas de ellas fueron: cada estado tendría un solo voto; la mayoría, constituida por más de la mitad de los votos, ejercería la autoridad; y todo lo que sucediera durante las reuniones se mantendría en secreto hasta que finalizara la convención.

Algunos de los primeros en llegar a Philadelphia, entre ellos George Washington y James Madison, habían concebido un plan para formar un nuevo gobierno. Edmund Randolph, gobernador de Virginia, lo presentó a la convención, por lo cual se le conoce como el Plan de Virginia. En él se proponía que el gobierno fuese electo por el pueblo. El gobierno constaría de tres partes: un presidente, un congreso o grupo de personas responsables de crear las leyes y un cuerpo judicial para interpretar las mismas.

Cada estado elegiría los delegados que lo representarían en el Congreso. El número de delegados de cada estado dependería del tamaño de éste. Esto significaba que los estados más grandes tendrían más poder que los pequeños porque dispondrían de un mayor número de votos en el Congreso.

El Plan de Virginia sorprendió a muchos de los delegados, quienes habían pensado que la convención trataría de mejorar el antiguo sistema de gobierno, no de crear uno nuevo. Tendrían que tomar una decisión. ¿Se debería crear un nuevo sistema de gobierno para América?

Decidieron someterlo a votación y ganaron los que estaban a favor. Ahora, la tarea principal de la convención sería redactar una constitución, o sea, una serie de normas para la formación de un nuevo gobierno, y un conjunto de leyes para ser acatadas por éste.

Enseguida los delegados comenzaron el debate. Los miembros de los estados más pequeños pensaban que el Plan de Virginia era injusto. Ellos querían que cada estado tuviera el mismo número de representantes. Otros delegados temían dejar que el pueblo eligiera al presidente, por miedo a que hiciera una mala elección. Los delegados debatieron estos puntos durante varias semanas.

Finalmente, algunos miembros de los estados pequeños presentaron su propio plan, conocido como el Plan de New Jersey. Sostenía que, con excepción de algunos pequeños cambios, el gobierno existente era adecuado. El aspecto más importante del Plan de New Jersey era que proponía que todos los estados, sin tener en cuenta su tamaño, tuvieran el mismo número de representantes.

Después de varios días de conversaciones, la mayoría votó en contra del Plan de New Jersey. Los delegados de los estados pequeños habían perdido la batalla y se sentían profundamente decepcionados, pero decidieron cooperar con los otros delegados para elaborar un plan que satisficiera tanto a los estados grandes como a los pequeños. A mediados de julio, con la ayuda de algunos delegados de Connecticut, se llegó a un compromiso.

Cada facción había hecho alguna concesión para crear un plan que fuera aceptado por todos. Éste se llamó El Gran Compromiso o Compromiso de Connecticut, y comprendía partes del Plan de Virginia, partes del Plan de New Jersey y algunas ideas nuevas propuestas por ambos grupos.

Ese verano fue muy caluroso en Philadelphia y los delegados se sentían muy cansados. Muchos decidieron tomarse unas cortas vacaciones y disfrutar de unos días de descanso visitando la ciudad. Otros se dedicaron a leer libros que obtuvieron en la biblioteca que Benjamin Franklin había fundado años atrás.

Sin embargo, para un pequeño grupo de delegados, que integraba la Comisión de Datos, no hubo vacaciones. Ellos organizaron todas las partes del nuevo plan y redactaron el primer borrador de la Constitución, que sería utilizado como punto de partida. Cuando los cincuenta y cinco delegados regresaron a la convención, comenzaron a revisar el borrador del documento que gobernaría a todo el pueblo americano.

El 6 de agosto, los delegados comenzaron a revisar el borrador de la Constitución. Cada oración fue analizada, debatida y discutida por los miembros de la convención. Hacia finales del mes, los delegados coincidían en casi todos los puntos, gracias al espíritu de cooperación que reinaba entre ellos.

Después, se organizó otra comisión: la Comisión de Forma y Estilo. Sus miembros redactaron el borrador final, verificando que cada palabra fuera exactamente la correcta. Por fin, la Constitución quedó terminada. Se imprimieron copias y éstas se repartieron a los delegados.

El 15 de septiembre, los delegados votaron a favor de firmar la nueva Constitución. Cuarenta y dos miembros estuvieron presentes y solamente tres rehusaron firmarla. Después, el texto fue copiado sobre pergamino, una clase de papel especial que resiste mejor el paso del tiempo.

El lunes, 17 de septiembre de 1787, se celebró la última reunión de la convención. Treinta y nueve delegados firmaron la nueva Constitución. De los cincuenta y cinco delegados presentes en la primera reunión, algunos se habían marchado enojados porque no estaban de acuerdo con la nueva Constitución. Otros la hubieran firmado, pero tuvieron que regresar a sus estados antes de que la convención terminara.

La ceremonia de la firma de la Constitución fue muy solemne. El primero en firmarla fue George Washington. Luego lo hicieron los otros treinta y ocho delegados. No sólo fue un momento de gran importancia y trascendencia, sino también un motivo de alegría.

Benjamin Franklin comentó que por fin sabía con certeza qué clase de sol era el que aparecía tallado en la silla de Washington: ¡Era un sol naciente!

Todos presintieron que ésta era una buena señal para el joven país. Todos los delegados deseaban regresar a sus hogares. Muchos no habían visto a sus familias durante varios meses.

Sin embargo, aún quedaba mucho por hacer. La Constitución debía ser ratificada, es decir, aprobada en cada estado, antes de convertirse en ley. Los delegados tenían que convencer a los ciudadanos de sus respectivos estados para que votasen a favor de la nueva Constitución.

Se enviaron copias a todos los gobiernos estatales. Después cada uno de los trece estados organizaría su propia convención para votar. Si nueve de los trece estados, o sea, una mayoría de dos terceras partes, votaban a favor de la nueva Constitución, se establecería el nuevo gobierno.

La nueva Constitución era del agrado de muchas
personas pero había quienes se oponían a ella, pues
temían que el nuevo gobierno fuese demasiado poderoso
y que vivir en América fuese igual que vivir bajo el
dominio inglés. Las discusiones continuaron en los
estados y, en diciembre de 1787, Delaware se convirtió
en el primer estado que aprobó la nueva Constitución.

Le siguieron Pennsylvania, New Jersey, Georgia y
Connecticut, y en febrero de 1788, Massachusetts
también la aprobó tras un reñido voto en la convención
estatal. En junio, después que Maryland y South Carolina
la habían ratificado, ya eran ocho los estados que habían
aceptado el nuevo gobierno.

Ahora sólo hacía falta un estado más para que la nueva Constitución se convirtiese en ley. El 21 de junio de 1788, New Hampshire votó a favor. América tendría un nuevo gobierno. Al poco tiempo, el estado de Virginia también la ratificó.

El 4 de julio hubo grandes festejos en muchas ciudades. En New York un gran barco fue remolcado por las calles durante un desfile. En Philadelphia desfilaron ochenta y ocho agrupaciones, algunas de ellas en carrozas decoradas.

El estado de New York también aprobó la nueva Constitución. Se fijó una fecha para la votación del primer Presidente de los Estados Unidos de América elegido por el pueblo. George Washington, el candidato favorito, fue electo por unanimidad. El 30 de abril de 1789 prestó juramento, prometiendo servir fielmente a su país. Finalmente, en mayo de 1790, los trece estados habían ratificado la Constitución. Ahora sí, la nueva nación podría llamarse los Estados Unidos de América.

Se eligió un nuevo Congreso que comenzó su labor inmediatamente. Se establecieron los tribunales de justicia y el nuevo gobierno pareció ser firme y estable.

Pero algunos americanos aún estaban preocupados. Creían que la nueva Constitución no protegía ciertos derechos fundamentales del pueblo. Para calmar esos temores, el Congreso propuso añadir algunos artículos a la Constitución.

Los diez primeros artículos o enmiendas se conocen como la Carta de Derechos. Establecen, entre otras cosas, que el pueblo tiene derecho a expresar su opinión, ir adonde desee y rendirle culto a Dios de acuerdo con sus creencias, sin temor a que el gobierno se lo impida. La Carta de Derechos se ha convertido en una parte muy importante de la Constitución. Garantiza al pueblo la libertad, que es parte esencial del sistema de vida americano.

A lo largo de los años se han añadido dieciséis enmiendas más. Nuestra Constitución fue redactada de forma tal que, a medida que el país evolucionara, se pudiera cambiar para ajustarse a las necesidades de nuestra nación.

Hoy, más de doscientos años después de redactada, la Constitución sigue siendo la base fundamental del gobierno de los Estados Unidos y del sistema de vida del pueblo americano. En el mundo no existe hoy día un conjunto de leyes que sea más antiguo y esté aún vigente, para gobernar un país. Creó una forma de gobierno que ha funcionado mejor y por más tiempo que cualquier otro en la historia. Los Padres Fundadores, como se conoce a los autores de la Constitución, la redactaron con la idea explícita de que el poder del gobierno debe provenir del pueblo. Esta idea de que cada ciudadano participe en el gobierno del país es uno de los principios fundamentales que ha convertido a América en un país fuerte. El poder del pueblo, protegido y garantizado por la Constitución, ha mantenido los estados, que hoy suman cincuenta, unidos todos estos años.

LA CONSTITUCIÓN DE LOS ESTADOS UNIDOS

PREÁMBULO

Nosotros, el pueblo de los Estados Unidos, a fin de formar una unión más perfecta, establecer Justicia, garantizar la tranquilidad nacional, proveer la defensa común, fomentar el bienestar general y asegurar los beneficios de la libertad para nosotros y para nuestra posteridad, decretamos y establecemos esta Constitución para los Estados Unidos de América.

RESUMEN DE LOS ARTÍCULOS DE LA CONSTITUCIÓN

ARTÍCULO I

Enumera reglas para la formación y el funcionamiento del Congreso, la rama legislativa del gobierno. Divide el Congreso en dos partes: el Senado y la Cámara de Representantes, y señala los deberes de cada uno de ellos. Detalla los poderes del gobierno federal.

ARTÍCULO II

Requiere que haya un Presidente para hacer cumplir las leyes de la nación. Describe los procedimientos para elegir al Presidente y enumera los poderes de éste.

ARTÍCULO III

Establece la Corte Suprema de Justicia. Define y promulga leyes para afrontar el delito de traición contra los Estados Unidos de América.

ARTÍCULO IV

Prohibe a cualquier estado discriminar a los ciudadanos de otros estados. Otorga al Congreso el poder de admitir nuevos estado a la unión.

ARTÍCULO V

Establece los pasos a seguir para enmendar (añadir o cambiar) la Constitución. Los cambios deben ser aprobados por las tres cuartas partes de los estados para convertirse en ley.

ARTÍCULO VI

Proclama la nueva Constitución como ley suprema del país y exige que todos los funcionarios federales y estatales la apoyen.

ARTÍCULO VII

Establece que si al menos nueve de los estados ratifican la Constitución de 1787, ésta será considerada la ley suprema del país

La Constitución de los Estados Unidos está en exhibición permanente en los Archivos Nacionales de la ciudad de Washington, D.C.

SIGNATARIOS DE LA CONSTITUCIÓN

Los nombres de los delegados aparecen como ellos mismos
los escribieron y en el orden en que firmaron.

Go. Washington - Presidt.
y diputado por Virginia
(George Washington)

NEW HAMPSHIRE
John Langdon
Nicholas Gilman

MASSACHUSETTS
Nathaniel Gorham
Rufus King

CONNECTICUT
Wm. Saml. Johnson
(William Samuel Johnson)
Roger Sherman

NEW YORK
Alexander Hamilton

NEW JERSEY
Wil: Livingston *(William Livingston)*
David Brearley
Wm. Paterson *(William Paterson)*
Jona: Dayton *(Jonathan Dayton)*

PENNSYLVANIA
B Franklin *(Benjamin Franklin)*
Thomas Mifflin
Robt Morris *(Robert Morris)*
Geo. Clymer *(George Clymer)*
Thos. FitzSimons *(Thomas Fitzsimons)*
Jared Ingersoll
James Wilson
Gouv Morris *(Gouverneur Morris)*

DELAWARE
Geo: Read *(George Read)*
Gunning Bedford jun
John Dickinson
Richard Bassett
Jaco: Broom *(Jacob Broom)*

MARYLAND
James McHenry
Dan of St. Thos. Jenifer
(Daniel of St. Thomas Jenifer)
Danl. Carroll. *(Daniel Carrol)*

VIRGINIA
John Blair
James Madison Jr.

NORTH CAROLINA
Wm. Blount *(William Blount)*
Richd. Dobbs Spaight
(Richard Dobbs Spaight)
Hu Williamson *(Hugh Williamson)*

SOUTH CAROLINA
J. Rutledge *(John Rutledge)*
Charles Cotesworth Pinckney
Charles Pinckney
Pierce Butler

GEORGIA
William Few
Abr Baldwin *(Abraham Baldwin)*

tros delegados a la **Convención Constituyente fueron:** Elbridge Gerry, Caleb Strong (MA) • Oliver
Ísworth (CT) • John Lansing, Robert Yates (NY) • William C. Houston (NJ) • Luther Martin, John Francis
ercer (MD) • James McClurg, George Mason, Edmund Randolph, George Wythe (VA) • William R. Davie,
exander Martin (NC) • William Houstoun, William Pierce (GA).

ÍNDICE DE FECHAS

1774 El Primer Congreso Continental, convocado por un grupo de colonos, se reúne para estudiar la posibilidad de actuar contra las injusticias de las autoridades británicas. Redacta y adopta una Declaración de Derechos para las colonias.

1775 Comienza la Revolución Americana con las batallas de Lexington y Concord, en Massachusetts. Primera reunión del Segundo Congreso Continental.

1776 La Declaración de Independencia de las colonias del dominio británico es aprobada por el Segundo Congreso Continental.

1777 El Segundo Congreso Continental redacta los Artículos de la Confederación, un conjunto de leyes para gobernar los nuevos estados.

1781 Los Artículos de la Confederación se convierten en ley en todo el país. En Yorktown, Virginia, tiene lugar la última batalla de la Revolución, con la rendición de los ingleses al General George Washington.

1783 Los Estados Unidos y Gran Bretaña firman el Tratado de París, que da fin a la Revolución Americana.

1785 Surgen las primeras discordias entre los trece estados.

1786 Se celebra una convención en Annapoli Maryland, para discutir los problemas surgidos entre los estados. Los delegados planean una convención de todos los estados en Philadelph Pennsylvania.

1787 Los delegados de la convención de Philadelphia redactan la Constitución de los Estados Unidos que reemplaza los artículos de Confederación. La Constitución se firma en septiembre y es ratificada por tres estados en diciembre.

1788 La Constitución queda ratificada por se estados más y se convierte en ley el 21 de junio

1789 George Washington es elegido primer Presidente de los Estados Unidos. Se redacta la Carta de Derechos.

1791 Virginia es el undécimo estado en aprob la Carta de Derechos, la que se convierte en parte de la Constitución.

NOTAS ACERCA DEL COMPROMISO DE CONNECTICUT

Los delegados de los estados pequeños se opusieron al Plan de Virginia porque proponía que los estados grandes tuviesen más representantes que los pequeños. Los miembros de estos últimos querían que a cada estado se le asignara el mismo número de representantes en el gobierno para que cada uno de ellos tuviera el mismo poder.

Los delegados de los estados grandes rechazaron el Plan de New Jersey. Creían que el pueblo no estaría justamente representado si cada estado tuviera el mismo número de representantes en el Congreso, sin tomar en consideración el número de habitantes de cada estado.

Los delegados de Connecticut, William Samuel Johnson, Roger Sherman y Oliver Ellsworth, propusieron un compromiso que consideraban más justo para todos los estados. Conocido como el Compromiso de Connecticut o El Gra Compromiso, el plan dividía el Congreso en d partes: La Cámara Alta, o Senado, a la que cad estado enviaría dos senadores elegidos por la legislatura estatal, y la Cámara Baja, o Cámara Representantes, en la cual el número de delegados estaría determinado por la población del estado. Estos delegados serían elegidos directamente por el pueblo. La población de u estado se determinaba por el total de sus hombres libres más tres quintas partes de sus esclavos. Enmiendas posteriores a la Constitución abolieron la esclavitud y concedieron el derecho al voto a todos los adultos, sin tener en cuenta su raza o sexo.

DATOS INTERESANTES ACERCA DE LA CONVENCIÓN Y LOS DELEGADOS

promedio de edad de los delegados era de renta y tres años. El mayor, Benjamin nklin, tenía ochenta y uno. Jonathan Dayton, nás joven, tenía veintiséis años.

ntiuno de los delegados habían luchado en la erra Revolucionaria. Ocho habían firmado la claración de Independencia y siete eran o nían sido gobernadores de sus respectivos ados.

uverneur Morris, James Wilson, James dison y Roger Sherman participaron en la vención con más frecuencia que cualquier o de los delegados.

tre los delegados que abogaban por un bierno central fuerte se encontraban: James lson, Charles C. Pinckney y Gouverneur rris. William Paterson, John Dickinson y her Martin se alinearon con aquéllos que recían los derechos individuales y de los ados.

Comisión de Datos redactó el primer rrador de la Constitución. Dicha comisión aba integrada por John Rutledge, Edmund ndolph, Nathaniel Gorham, Oliver Ellsworth ames Wilson.

La Comisión de Forma y Estilo perfeccionó el primer borrador, dándole forma definitiva al lenguaje. Esta comisión estaba formada por Gouverneur Morris, Alexander Hamilton, Rufus King, William Samuel Johnson, y James Madison.

Aunque New Hampshire no pudo financiar los gastos de sus delegados, John Langdon y Nicholas Gilman decidieron, a finales de junio, asistir a la convención, pero no llegaron a Philadelphia hasta finales de julio, cuando la mayor parte de los debates ya había concluido.

George Mason, Edmund Randolph y Elbridge Gerry votaron en contra de la Constitución y rehusaron firmarla. Si la Carta de Derechos hubiera estado incluida, quizá la hubieran firmado.

Rhode Island no envió delegado alguno a la convención y, por lo tanto, no participó en la firma de la Constitución.

ORDEN Y FECHAS DE LA RATIFICACIÓN DE LA CONSTITUCIÓN

Delaware • Diciembre 7, 1787

Pennsylvania • Diciembre 12, 1787

New Jersey • Diciembre 18, 1787

Georgia • Enero 2, 1788

Connecticut • Enero 9, 1788

Massachusetts • Febrero 6, 1788

Maryland • Abril 28, 1788

South Carolina • Mayo 23, 1788

New Hampshire • Junio 21, 1788

Virginia • Junio 25, 1788

New York • Julio 26, 1788

North Carolina • Noviembre 21, 1789

Rhode Island • Mayo 29, 1790

RESUMEN DE LAS ENMIENDAS A LA CONSTITUCIÓN

Las diez primeras Enmiendas constituyen la Carta de Derechos, adoptada en 1791.

Enmienda I   Garantiza la libertad de religión, de expresión y de prensa. Le otorga al pueblo el derecho a reunirse pacíficamente para manifestar sus discrepancias con el gobierno.

Enmienda II   Garantiza el derecho a poseer y portar armas.

Enmienda III   Establece las condiciones para alojar a los soldados en tiempos de paz y de guerra.

Enmienda IV   Garantiza la privacidad del ciudadano. Limita la autoridad del gobierno para el allanamiento y confiscación de la propiedad privada.

Enmienda V   Establece reglas para los procesos judiciales. Prohibe el castigo sin juicio previo. Garantiza indemnización cuando el gobierno expropia alguna propiedad privada para uso público.

Enmienda VI   Garantiza el derecho a un juicio rápido y justo, por un jurado, para casos criminales.

Enmienda VII   Establece que en litigios de derecho común, cuando el valor en disputa exceda la cantidad de veinte dólares, el ciudadano tendrá el derecho a juicio por un jurado.

Enmienda VIII   Prohibe las fianzas y multas excesivas y el castigo cruel e inusitado.

Enmienda IX   Sostiene que al pueblo le corresponden otros derechos, además de los ya mencionados en la Constitución.

Enmienda X   Establece que los poderes no concedidos por la Constitución al gobierno central, o prohibidos a los estados, quedan reservados a éstos o al pueblo.

XI   (1798) Decreta que ningún estado podrá ser demandado por ciudadanos de otro estado o de un país extranjero.

XII   (1804) Establece procedimientos para la elección del presidente.

XIII   (1865) Proclama la abolición de la esclavitud.

XIV   (1868) Prohibe leyes que injustamente nieguen los derechos de los ciudadanos y garantiza, bajo la ley, igual protección para todos.

XV   (1870) Prohibe negar a los ciudadanos el derecho a votar por razones de raza o de color.

XVI   (1913) Autoriza el impuesto sobre los ingresos.

XVII   (1913) Decreta que los senadores sean elegidos por el voto directo del pueblo.

XVIII   (1919) Enmienda de la Prohibición (Ley Seca). Prohibe la fabricación y venta de bebidas alcohólicas.

XIX   (1920) Otorga a las mujeres el derecho a votar.

XX   (1933) Se establece que los períodos presidenciales y del Congreso, comiencen en el mes de enero.

XXI   (1933) Anula la Enmienda XVIII.

XXII   (1951) Prohibe que el presidente ocupe su cargo por más de dos períodos (ocho años).

XXIII   (1961) Concede el derecho a votar en las elecciones presidenciales a los residentes del Distrito de Columbia (Washington, D.C.).

XXIV   (1964) Proscribe el requisito de haber pagado los impuestos para poder votar.

XXV   (1967) Establece normas de sucesión en el caso de que un presidente no pueda completar su período de gobierno.

XXVI   (1971) Reduce a 18 años la edad legal para votar.